# BEI GRIN MACHT SICH IHR WISSEN BEZAHLT

- Wir veröffentlichen Ihre Hausarbeit, Bachelor- und Masterarbeit

- Ihr eigenes eBook und Buch - weltweit in allen wichtigen Shops

- Verdienen Sie an jedem Verkauf

Jetzt bei www.GRIN.com hochladen und kostenlos publizieren

**Bibliografische Information der Deutschen Nationalbibliothek:**

Die Deutsche Bibliothek verzeichnet diese Publikation in der Deutschen National-bibliografie; detaillierte bibliografische Daten sind im Internet über http://dnb.d-nb.de/ abrufbar.

Dieses Werk sowie alle darin enthaltenen einzelnen Beiträge und Abbildungen sind urheberrechtlich geschützt. Jede Verwertung, die nicht ausdrücklich vom Urheberrechtsschutz zugelassen ist, bedarf der vorherigen Zustimmung des Verlages. Das gilt insbesondere für Vervielfältigungen, Bearbeitungen, Übersetzungen, Mikroverfilmungen, Auswertungen durch Datenbanken und für die Einspeicherung und Verarbeitung in elektronische Systeme. Alle Rechte, auch die des auszugsweisen Nachdrucks, der fotomechanischen Wiedergabe (einschließlich Mikrokopie) sowie der Auswertung durch Datenbanken oder ähnliche Einrichtungen, vorbehalten.

**Impressum:**

Copyright © 2011 GRIN Verlag
Druck und Bindung: Books on Demand GmbH, Norderstedt Germany
ISBN: 9783668745988

**Dieses Buch bei GRIN:**

https://www.grin.com/document/427488

Sonja Filip

# Lese-Rechtschreib-Schwäche (LRS). Strukturierte Übersicht über Diagnostik und Fördermaßnahmen

GRIN Verlag

**GRIN - Your knowledge has value**

Der GRIN Verlag publiziert seit 1998 wissenschaftliche Arbeiten von Studenten, Hochschullehrern und anderen Akademikern als eBook und gedrucktes Buch. Die Verlagswebsite www.grin.com ist die ideale Plattform zur Veröffentlichung von Hausarbeiten, Abschlussarbeiten, wissenschaftlichen Aufsätzen, Dissertationen und Fachbüchern.

**Besuchen Sie uns im Internet:**

http://www.grin.com/

http://www.facebook.com/grincom

http://www.twitter.com/grin_com

# Inhaltsverzeichnis

1. Einleitung ........................................................................................................................... 2

   1.1 Kurzer historischer Abriss / Begriffsklärung ................................................................ 2

2. Erscheinungsbild ................................................................................................................ 4
3. Diagnose ............................................................................................................................ 5
4. Ursachen ............................................................................................................................ 6

   4.1 Phonologische Bewusstheit ......................................................................................... 8

5. Fördermaßnahmen ........................................................................................................... 10

   1. Leseanfangsphase / alphabetische Entwicklungsstufe: ............................................. 10

   2. Spätere Lese- und Schreibphase / orthographische Entwicklungsstufe: ................... 10

6. Fazit ................................................................................................................................. 12

# 1. Einleitung

Die Legasthenie bzw. Lese-Rechtschreib-Schwäche/-Störung (LRS) (auf evt. Unterschied LRS vs. Legasthenie wird später noch eingegangen) ist ein wichtiges Thema, gerade für angehende Lehrer. Denn der Erwerb von Lesen und (Recht-)Schreiben ist eines der wichtigsten Bildungsziele des Schulunterrichts überhaupt und der Beherrschung der Schriftsprache kommt für den Erwerb von Wissen und Informationen im Beruf, aber auch im Alltagsleben, immanente Bedeutung zu. Dennoch gibt es Schüler, die trotz größter Bemühungen von Eltern, Lehrern und eigenen Anstrengungen große Schwierigkeiten haben, die Schriftsprache zu erlernen. Auch intensives Üben hat oft leider nur relativ geringe Effekte.

LRS ist eine partielle Lern- und Leistungsschwierigkeit. Eine **Lernschwierigkeit/-störung** wird dann angenommen, wenn die Leistungen der Schüler unterhalb der tolerierbaren Abweichungen von verbindlichen institutionellen, sozialen und individuellen Bezugsnormen liegen oder aber das Erreichen bzw Verfehlen von Standards mit großen Belastungen verbunden ist.

**Teilleistungsstörungen** kennzeichnen Leistungsdefizite in begrenzten Funktionsbereichen, die trotz hinreichender Intelligenzleistungen, regelmäßiger Förderung sowie einer körperlichen und seelischen Gesundheit der Betroffenen auftreten und nicht aus einer entsprechenden Behinderung erklärt werden können. Hierfür sind Störungen des Lesens und Rechtschreibens ein Beispiel.

LRS ist eine schwere, massive Normabweichung in einem spezifischen Bereich, die meist dauerhaft vorliegt, jedoch mit entsprechenden Methoden recht gut beeinflussbar ist (heilbar ist LRS aber nicht).

## 1.1 Kurzer historischer Abriss / Begriffsklärung

Das Phänomen des gestörten Schriftspracherwerbs ist seit der Jahrhundertwende (um 1900) Forschungsgegenstand. Im deutschsprachigen Raum prägte vor allem der Psychiater Ranschburg den Begriff der Legasthenie (1916), wobei der Begriff sich aus lat. *legere* (lesen) und gr. *asthenaia* (Schwäche) erklären lässt. Der Terminus Legasthenie wird seitdem oft als mit der Annahme neuronaler Defizite als Ursache der Lese- und Schreibprobleme verbunden angesehen und daher vermieden.

In das breite Interesse von Forschung und Schulpraxis gelangte das Thema im deutschsprachigen Raum jedoch erst nach dem 2. Weltkrieg.

Manchmal wird zwischen Legasthenie / Lese-Rechtschreib-<u>Störung</u> und LRS /Lese-Rechtschreib-<u>Schwäche</u> unterschieden und letztere als die schwächere Form der Störung angesehen (bspw. im bayerischen sog. Legasthenie-Erlass). Diese Unterscheidung scheint jedoch weitestgehend sinnlos, da keinerlei Belege für unterschiedliche Ursachen von LRS und Legasthenie bekannt sind. Auch wird hier zuweilen anhand des sog. **Diskrepanzkriteriums** unterschieden. Denn zunächst wurde Legasthenie nur dann diagnostiziert, wenn eine Leseschwäche bei sonst intakter / mindestens durchschnittlicher Intelligenz vorlag (Maria Linder 1951, IQ > 85, Lese- Schreibleistung Prozentrang < 15 ). Damit ist die implizite Annahme verbunden, dass Legastheniker und minderbegabte lrs. Kinder in unterschiedlichem Ausmaß von Fördermaßnahmen profitieren würden. In der Praxis hieß das, dass nur lrs.

Kinder mit mindestens durchschnittlicher Intelligenz, also „echte Legastheniker", gefördert wurden. Auch beispielsweise im bayerischen sog. „Legasthenie-Erlass" von 1999 wird auf die Diskrepanzdefinition der Legasthenie zurückgegriffen. Dieses Diskrepanzkriterium wurde jedoch kontrovers diskutiert und immer wieder infrage gestellt weil es sich zeigte, dass beispielsweise phonologische Defizite völlig intelligenz-unabhängig sind. Auch ist das Konstrukt „Legasthenie" inkl. Diskrepanzkriterium theoretisch nicht sinnvoll, würde es doch beinhalten, dass Lese- und Rechtschreibschwächen bei intelligenten Kindern erwartungswidrig sei. Da aber zwischen der Intelligenz und den Lese- und Schreibleistungen nach allem, was man heute weiß, nur ein mittelhoher Zusammenhang besteht, sind schlechte Leistungen in Lesen und Rechtschreiben noch als erwartungsgemäß einzustufen und keinesfalls krankhaft.

Ebenfalls ist dieses Konstrukt therapeutisch nicht brauchbar, denn die so definierten Legastheniker brauchen erwiesenermaßen keine anderen Therapiemaßnahmen als andere Kinder mit LRS. Sowohl durchschnittlich bzw. überdurchschnittlich intelligente lrs. Kinder als auch minderbegabte lrs. Kinder profitieren gleichermaßen von einer gezielten Förderung (bspw. nachgewiesen in der Studie: Profitieren Legastheniker und allgemein lese-rechtschreib-schwache Kinder in unterschiedlichem Ausmaß von einem Rechtschreibtraining? Von Weber, Marx & Schneider 2002 → kein Zusammenhang zwischen nonverbaler Intelligenz und Behandlungserfolg durch ein Rechtschreibtraining, wobei die Effektivität des Trainings an sich gesichert war [aber: nur Kinder in Regelschulen untersucht, keine Kinder mit besonderem Förderbedarf! → Möglichkeit: minderbegabte Kinder, die es in die Regelschule schaffen, haben u. U. bereits Kompensationsstrategien gelernt und profitieren daher evt. auch eher von einem Rechtschreibtraining???]). Dieses Ergebnis spricht für die Empfehlungen der Kultusministerkonferrenz von 1978, alle Kinder mit Lese-Rechtschreibschwierigkeiten unabhängig von ihrer Intelligenz zu fördern.

Außerdem zeigt die LRS von sog. „echten Legasthenikern" keine spezifische Ätiologie (=Gesamtheit der verursachenden Faktoren), kein anderes Erscheinungsbild, keinen abweichenden Verlauf auf. Daher wird der Sinn der Intelligenzdiskrepanz als Kriterium zur Unterscheidung von „Legasthenie" und „Lese-Rechtschreib-Schwäche" meines Erachtens zurecht abgelehnt.

Die Kultusministerkonferenz empfahl 1978, die belastete Bezeichnung Legasthenie aufzugeben und durch den neutraleren Terminus Lese-Rechtschreibschwierigkeiten (LRS) zu ersetzen.

LRS wird in dieser Arbeit daher als über das ganze Intelligenzspektrum verteilt diagnostizierbar angesehen; eine Unterscheidung zwischen LRS und Legasthenie lehne ich in Übereinstimmung mit einem Großteil der aktuellen Forschung ab.

[Anmerkung: bei IQ < 70 ist es sehr wohl sinnvoll, eine andere Herangehensweise zu wählen, denn Kinder mit einem IQ unter 70 benötigen nebst Lese- und Rechtschreib-Fördermaßnahmen auch ein kognitives Training, das bei einem alleinigen Vorliegen von LRS ohne gleichzeitige Minderbegabung ja nicht wirkt.]

# 2. Erscheinungsbild

- keine legasthenie-spezifischen Fehler, also auch kein absolut spezifisches und einheitliches Störungsbild von LRS; Fehlertypen treten auch bei Nicht-Legasthenikern auf, jedoch nicht in dieser Quantität, Ausprägung und auch Dauerhaftigkeit

- Probleme treten meist sowohl beim Lesen als auch beim (Recht-)Schreiben; aber auch isoliertes Auftreten ist (seltener) möglich

- Hauptmerkmal ist eine umschriebene und deutliche Beeinträchtigung der Lese- (und Rechtschreib-) fertigkeiten. Umschrieben meint dabei, dass andere Leistungsbereiche nicht beeinträchtigt sind. Das Leseverständnis kann ebenfalls beeinträchtigt sein, muss aber nicht.

- die Zuordnung von Lauten zu Buchstaben und umgekehrt fällt lrs. Kindern sehr schwer, auch die Umsetzung der gesprochenen in geschriebene Sprache und andersherum ist problematisch

- lrs. Kinder haben Probleme

1. Struktur der Lautsprache zu erkennen (phonolog. Bewusstheit)
2. Buchstaben in Laute zu übersetzen (phonolog. Rekodieren)
3. beim raschen Umschalten von einem Wort auf das nächste (serielle Benennungsgeschwindigkeit)
4. teilweise auch bei der visuellen Verarbeitung

- eine **Lesestörung** zeigt sich unter anderem bei der Lesegenauigkeit, verlangsamten Lesetempo und einem eventuell beeinträchtigten Lesevereständnis

→ Wortteile werden ausgelassen, ersetzt, verdreht, aus dem Gedächtnis entsprechend ergänzt...

Beim Lesen von Pseudowörtern tauchen besondere Probleme auf, denn deren Erlesen gelingt nur dann, wenn der Leser in der Lage ist, schrittweise die einzelnen Buchstabe in die dazugehörigen Lautre umzusetzen und diese dann zu einem Wort zu verschmelzen (synthetisches Lesen).

- eine **Rechtschreibstörung** zeigt sich zu Beginn der Grundschulzeit v.a. in Defiziten in der lautgetreuen Schreibung (Buchstaben verwechselt (b/d), vertauscht (Arzt – Artz), ausgelassen...); später werden orthographische Regeln nicht korrekt angewandt (Groß- und Kleinschreibung, Dehnungsfehler...); die Rechtschreibfehler fallen nicht nur bei frei verfassten Texten oder Diktaten, sondern auch beim Abschreiben eines vorliegenden Textes auf.

- auffallend ist **Fehlerinkonstanz**; dasselbe Wort wird einmal richtig, gleich danach falsch geschrieben

- **Anzeichen für Lehrer** für eine eventuell vorliegende LRS: schlechte Leistungen in Diktat und sonstigen Schreibprozessen; auch bei Abschreiben von Texten (auch in Fremdsprachen); schlechte Leser; Begleitsymptomatik (Verhaltensauffälligkeiten); bei Verdacht des Lehrers genaue diagnostische Abklärung

- LRS ist ein recht stabiles Phänomen (Bsp: Studie von Klicpera 1993: Kinder, die zu Beginn der Grundschulzeit schwache Rechtschreiber waren, waren dies meist in der 8. Klasse auch noch)

- LRS nicht nur im Fach Deutsch hinderlich, wirkt sich meist auch auf andere Fächer aus (Textaufgaben in Mathematik...); besondere Probleme bereitet der Erwerb einer Fremdsprache, vor allem bei Englisch als wenig lautgetreuer Sprache

# 3. Diagnose

Die WHO definiert LRS im ICD-10 als „umschriebene und eindeutige Beeinträchtigung" im Lernprozess des Lesens und Rechtschreibens. Die Leseleistung muss deutlich unter dem Niveau liegen, das aufgrund des Alters, der allgemeinen Intelligenz und der Schulklasse zu erwarten ist.

Beim Lesenlernen äußert sich LRS durch charakteristische Fehler wie Auslassen, Ersetzen, Verdrehen, Hinzufügen von Buchstaben oder Wörtern. Später zeigt sich LRS im langsamen, stockenden Lesen.

Eine unkorrigierte Seh- oder Hörschwäche muss ausgeschlossen werden.

LRS ist keine neurologische Erkrankung oder Hirnverletzung (z.B. nach Unfall) und darf auch nicht auf mangelnde Beschulung bzw. Lerngelegenheit zurückgehen.

Die Deutsche Gesellschaft für Kinder- und Jugendpsychiatrie, Psychotherapie et al. schätzt die LRS im deutschen Sprachraum auf rund 6% der Bevölkerung (2003). Die Zahlen schwanken, je nach Kriterien, zwischen 4-8%; in der Grundschule sind es mehr Betroffene als in späteren Altersstufen.

Jungen sind 2-3mal häufiger betroffen als Mädchen.

Zur diagnostischen Beurteilung wird eine medizinischen Überprüfung (bspw. Hör- und Sehfähigkeit, Sprache und Motorik) durchgeführt. Auch sollten eventuell ungünstige Rahmenbedingungen wie seelische und psychische Belastungen, unangemessener Leistungsdruck... abgeklärt werden. Als nächstes werden Leistungsstand und Leistungsprofil des Kindes erfasst → standardisierte Lese- und Rechtschreibtests (Rechtschreibtests meist konzipiert als Lückentexte) Sind die Ergebnisse mindestens eine Standardabweichung von der Norm entfernt, so liegt eine Beeinträchtigung im Lesen / Schreiben vor.

Auch ein Intelligenztest wird standardmäßig gemacht, ist es doch wichtig, dass von einer schwachen Lese-/Schreibfähigkeit nicht auf generelle Minderbegabung geschlossen wird, die häufig nicht vorliegt.

Auch eine kinder-/jugendpsychiatrische Untersuchung zur Abklärung von möglichen anderen Ursachen und / oder behandlungbedürftigen Begleitstörungen ist sinnvoll. Derartige Begleitstörungen können zum Beispiel Entwicklungsstörungen sein, Schulangst und ADHS. Gerade ADHS und LRS beeinflussen sich gegenseitig sehr ungünstig, daher muss ADHS unbedingt behandelt werden, damit ein Schriftspracherwerb so gut als möglich stattfinden kann.

Die Erkenntnis, dass die phonologische Informationsverarbeitung für LRS eine zentrale Rolle spielt, hat in den 1990er Jahren Theorien zur Entstehung von LRS sowie die Diagnostik stark verändert. Durch die Diagnostik der phonologischen Reizverarbeitung ist es möglich, bereits vor dem eigentlichen Lese- und Rechtschreiberwerb Kinder zu identifizieren, die LRS-gefährdet sind.

Beispiel: **Bielefelder Screening zur Früherkennung von Lese-Rechtschreibschwierigkeiten**

(BISC von Jansen, Mannhaupt, Marx & Skowronek, 1999)

- ermöglicht die Vorhersage von Schwierigkeiten beim Schriftspracherwerb für Kinder im letzten Kindergartenjahr
- getestete Leistungsbereiche:

  - phonologische Bewusstheit (im engeren (Laut-zu-Wort-Vergleich – I in Igel oder I in Auto?) sowie im weiteren Sinne (reimen – Kind-Wind oder Kind-Stuhl?))

  - schneller Abruf aus dem Langzeitgedächtnis

  - phonetisches Rekodieren im Kurzzeitgedächtnis

  - visuelle Aufmerksamkeitssteuerung

- Objektivität und Reliabilität sind (hinreichend) gegeben, ebenso die Validität: Gesamtscore korreliert zu .55/.58 mit Schreibfähigkeit/Lesefähigkeit Ende 2. Klasse (konvergente Validität)
- weiteres Diagnose-Verfahren: Würzburger Leise Leseprobe (Küspert & Schneider, 1998) zur Früherkennung von Risikokindern in der Grundschule (geeignet als Screening-Verfahren)
- Knuspels Leseaufgaben (Marx, 1998) zur Früherkennung von Risikokindern in der Grundschule

# 4. Ursachen

Frühere Annahmen für Ursachen haben sich als nicht haltbar erwiesen; früher wurde Legasthenie als Krankheit angesehen. In einem Überblick über nichthaltbare Annahmen nennt Scheerer-Neumann (1979) beispielsweise Linkshändrigkeit, motorische Störungen, Raumlagelabilität...

Die Ursachen sind bis heute nicht exakt zu bestimmen. Fakt ist jedoch, dass die Störung erwartungswidrig auftritt, das heißt ohne eine plausible Erklärung wie eine generelle Minderbegabung oder schlechte Beschulung. Vermutlich liegt eine Vernetzung verschiedener Ursachen vor; auch ist je Kind ein individuelles Erklärungsgeflecht anzunehmen.

Andererseits aber führen einzelne Einflüsse wie etwa eine genetische Disposition, nicht zwangsläufig zur Herausbildung einer LRS, sondern können durch präventive Maßnahmen und intensive Fördermaßnahmen kompensiert werden.

Angenommene mögliche Ursachen heute sind:

**a) genetische Disposition:** Einfluss einer genetischen Disposition durch zahlreiche Studien nachgewiesen Es zeigte sich eine auffällige familiäre Häufig der LRS und bei Zwillingsstudien eine höhere Konkordanzrate bei ein- als bei zweieiigen Zwillingen 68 % vs. 38 % (Fischer & DeFries 2002).

Molekulargenetische Untersuchungen weisen auf Auffälligkeiten auf bestimmen Chromosomen hin; es ist aber von einem Zusammenspiel einer Vielzahl von Genen auszugehen.

**b) Defizite in der seriellen Benennungsgeschwindigkeit** (es wird zuviel Aufmerksamkeit für jeden einzelnen Buchstaben oder jedes einzelne Wort benötigt)

**c) Visuelle Verarbeitungsstörungen** (z. B. bei der Steuerung der Blickbewegung) können zu einer LRS beitragen; bis zu 60 % der lrs. Kinder haben Probleme, ihren Blick bewusst so präzise zu steuern, wie es beim Lesen von Text nötig ist (Fischer u.a. 1998)

**d) hirnorganische Ursachen:** hirnorganische Reifeverzögerungen, Fehlsteuerungen bei Schaltungen im Gehirn. Auch: Unterschiede in Aktivierungsmuster in der Großhirnrinde bei leserelevanten Aufgaben zwischen lrs. Kindern und nicht-lrs. Kindern. Auch arbeiten die zuständigen Hirnzentren womöglich nicht ausreichend synchron oder sind nicht genügend vernetzt. Jedoch ist bisher keine eindeutige Zuordnung von bestimmten Hirnregionen zu Lese-Rechtschreibschwierigkeiten möglich. (Vermutlich Zusammenspiel verschiedener Hirnregionen.)

**e) Sprachentwicklungsstörungen:** ein erheblicher Teil der Kinder mit Sprachentwicklungsstörungen entwickelt Probleme beim Lesen und Rechtschreiben. Auch hatten sehr viele lrs. Kinder in der frühen Kindheit Auffälligkeiten in der Sprachentwicklung → Überlappung beider Problembereiche von etwa 50%. Bisher ist aber unklar, ob Sprachstörungen nun Ursache der LRS sind oder beide Störungen auf gemeinsame Ursache zurückzuführen sind (bspw. Defizite in der Sprachwahrnehmung).

**f) Milieu-Variablen** (soziale Schicht, Bildungsniveau der Eltern...)

→ Ursachen liegen nicht nur im betroffenen Kind selbst (niedrige Lesemotivation, geringes Selbstkonzept), sondern auch in der Interaktion mit seiner häuslichen sowie schulischen Umwelt

Bsp1.: Einfluss des schulischen Unterrichts zeigt sich in großen Leistungsunterschieden zwischen Schulklassen; mangelhafter Erstleseunterricht kann gravierende Folgen haben

Bsp2: sozio-ökonomischer Status und Lese-Rechtschreib-Leistungen: mittlerer Zusammenhang von r=.30

Bsp3.: wichtiger Faktor: häuslicher Fernsehkonsum, „Vielseher" (ab 2 Std täglich) schneiden in allen Bereichen gravierend schlechter ab als „Wenigseher" und „Normalseher" (ca. 1 Stunde täglich) (Ennemoser u.a. 2000) (Korrelation oder Kausalität???)

→ auch: wenn der Beginn des Schriftspracherwerbs, warum auch immer, vorübergehende Defizite / Beeinträchtigungen aufweist (bspw. durch familiäre Probleme o.Ä.), kann dies zu einem „**Teufelskreis**" gestörter Lernprozesse führen. Denn entstehen Minderwertigkeitsgefühle, Versagensängste, Vermeidungsstrategiern, erhalten diese den

Teufelskreis auch noch, wenn der ursprüngliche Anlass schon längst nicht mehr vorhanden sind (Betz und Breuninger: Teufelskreis Lernstörungen, 1996)

g) vor allem aber wird viel Gewicht auf das **Konzept der phonologischen Bewusstheit** gelegt, das als Vorläuferfertigkeit für den Schriftspracherwerb angesehen wird und deren Störung insbesondere in der Phase des Erwerbs von Lese- und Rechtschreibfähigkeiten eine Ursache für Schwierigkeiten ist.

## 4.1 Phonologische Bewusstheit

Die phonologische Bewusstheit ist die Fähigkeit, Sprache als aus unterschiedlichen lautlichen Einheiten bestehend wahrzunehmen und dies analytisch und synthetisch anzuwenden bzw. einfacher: die Einsicht in die Lautstruktur der Sprache. Sie stellt den wichtigsten Teilbereich der sogenannten „phonologischen Informationsverarbeitung" dar

Sie ist der wichtigste Einzelprädiktor der Leseentwicklung (bspw. Elbro 1996) und steht auch in engem Zusammenhang mit Rechtschreibleistung. Kinder müssen ein explizites Wissen über phonologische Segmente der Wörter erworben haben, bevor sie erfolgreich ein alphabetisches Schriftsystem erwerben können. Kinder müssen sich hierzu vom Bedeutungsinhalt der Sprache lösen und begreifen, dass Sätze aus Wörtern, Wörter aus Silben und Silben aus Lauten aufgebaut sind. Es geht darum zu erfassen, was der erste Laut eines Wortes ist, wie es endet, und dass manche Wörter sich reimen.

Man unterscheidet zwei wesentliche Aspekte: Zur phonologischen Bewusstheit im weiteren Sinn gehören die Fähigkeiten, Wörter in Silben zu zerlegen und Silben zu einem Wort zusammenzufügen. Phonologische Bewusstheit im engeren Sinn dagegen bezeichnet die Fähigkeiten, Anlaute zu erkennen, aus Lauten ein Wort zu bilden oder ein Wort in seine Laute zu zerlegen.

Schwierigkeiten bzw. eine mangelnde phonologische Bewusstheit zeigt sich beispielsweise bei der Lautanalyse (Wort in Einzellaute zerlegen; braucht man beim Schreiben) und / oder der Lautsynthese (einzelne Laute zu einem Wort zusammen zu lesen). Gelingt dies nicht: erhöhtes Risiko für LRS.

Denn es besteht ein signifikanter Zusammenhang vom Ausmaß der phonologischen Bewusstheit im Vorschulalter und dem Erfolg im Lesen und Schreiben während der Grundschulzeit – und zwar gleichermaßen bei durchschnittlich, überdurchschnittlich und unterdurchschnittlich intelligenten Kindern! (→ Grund, Diskrepanzkriterium erneut abzulehnen)

Phonologische Bewusstheit wird oft getestet z. B. durch das Erlesen von Pseudowörtern bzw. sog. Nichtwörtern: Wörter, die es in einer Sprache nicht gibt, die aber phonologisch problemlos möglich wären, z. B. im Deutschen: Pirsel

→ lrs. Kinder haben Probleme mit der Buchstaben-Laut-Korrespondenz und tun sich daher beim Erlesen von Pseudowörtern sehr schwer

Wichtig: in vielen Studien (bspw. Landerl & Wimmer 1994: Phonologische Bewusstheit als Prädiktor für Lese- und Schreibfertigkeiten in der Grundschule) zeigt sich, dass sich zwar alle Kinder mit guter phonologischer Bewusstheit zu guten Lesern entwickelten, aber auch ein beachtlicher Teil der Kinder, die Probleme z. B. mit Lautersetzungsaufgaben hatten, das lautierende Lesen und lautgertreue Schreiben problemlos erlernt hat → phonologische Bewusstheit ist keine notwendige Voraussetzung für Schriftspracherwerb, da sonst mehr schlechte Leser das Ergebnis hätten sein müssen? → die verwendeten Aufgaben ermöglichen eher die Voraussage von guten Lesern und Schreibern als von schlechten; aber: mit anderen Aufgaben wie im BISC (Jansen et al. 1999) ist auch die Vorhersage von Schwierigkeiten beim Schriftspracherwerb möglich

**BISC:** Das BISC kann als Einzel- oder Gruppentest zur Früherkennung von Lese- und Rechtschreibschwierigkeiten (10-12 Kinder) durchgeführt werden. Der Test beinhaltet die sechs Abschnitte Reimerkennung, Silbensegmentierung, Anlautanalyse, Lautsynthese, Erfassung der Wortlänge und Identifikation des Endlautes. Im Testhandbuch finden sich Schwellenwerte, ab wann von einer Gefährdung ausgegangen werden muss. Mithilfe des Gruppentests wurden in der Testevaluation 84.7 % der Kinder richtig klassifiziert, wobei 63 % der später betroffenen und 87,1 % der später nicht-betroffenen Kinder korrekt als solche erkannt wurden. Die Mehrzahl der gefährdeten Kinder kann somit rechtzeitig spezielle Fördermaßnahmen erhalten, und die falsch als Risikokinder eingestuften Kinder erleiden durch die zusätzliche Förderung sicherlich keinen Schaden. Da aber längst nicht alle Risikokinder erkannt werden, sollte die Lehrkraft im Unterricht trotzdem wachsam bleiben.

- auch: Konzept des Spracherfahrungsansatzes: kritische Variable = Erfahrung, die Kinder vor der Schule mit Schriftsprache machen, z. B. Beobachten der Eltern, Vorlesen, Schrift in der Umwelt (Plakate, Fernsehen, Zeitungen...)

→ guter Indikator für Entwicklungsstand ist die schriftsprachspezifische Vorkenntnis, die Kinder in Schule mitbringen

→ mittlere bis hohe Korrelationen von schriftsprachlichen Entwicklungsstand am Schulanfang und späteren schriftsprachlichen Leistungen (Richter (2005) spricht von bis zu r=.83!)

ABER: auch wenn es oft so dargestellt zu finden ist, dass eine mangelnde phonologische Bewusstheit Ursache einer LRS sein kann: sind diese phonologischen Defizite tatsächlich Ursache der LRS? Könnten sie nicht auch vielmehr Folge der Schwierigkeiten sein??

<u>Studie von Landerl & Wimmer 1994:</u> Phonologische Bewusstheit als Prädiktor für Lese- und Schreibfertigkeiten in der Grundschule

Fazit: Lautersetzen hat eine prädiktive Rolle auch noch in der 2., 3. und teilweise sogar 4. Klasse

Phonologische Bewusstheit ist nicht nur für den Erwerb einer indirekten Lesestrategie relevant, sondern auch für den Aufbau des orthographischen Lexikons (ermöglicht schnelles, direktes Lesen und kompetentes Rechtschreiben)

Kinder gehen in der Regel in der 2., spätestens der 3. Klasse vom lautierenden Lesen zu direkter Lesestrategie über, die durch die Repräsentation von Schriftwörtern in einem orthographischen Lexikon ermöglicht wird. Für dieses orthographische Lexikon scheint es wichtig zu sein, dass die Schriftwörter möglichst eng mit den entsprechenden phonologischen Einträgen zu vernetzen.

[60 Kinder aus 2 aufeinander folgenden Kohorten; Durchschnittsalter zu Beginn: 6,9 Jahre]

## 5. Fördermaßnahmen

- Wichtig ist eine möglichst frühzeitige Diagnose!

  → besonderes Gewicht liegt auf Vorhersage von interindividuellen Unterschieden beim Lesen- und Schreibenlernen, da frühe Vorhersage von Schwierigkeiten frühe spez. Förderung ermöglicht

- Erfolgserlebnisse ermöglichen!! auch in alternativen Begabungen / Talenten → Selbstvertrauen! → „Teufelskreis" durchbrechen
- regelmäßige, aber kürzere Leseübungen zu Hause
- LRS-Förderkurse mit individualisierten Anforderungen, also mit genauer Bestimmung der Problembereiche in Kleingruppen (als Ergänzung zum normalen Schulunterricht)
- immer auf das Individuum schauen!! es gibt nicht DEN richtigen Weg des Schriftspracherwerbs → individuelle Voraussetzungen, Förderungen, Bereitschaft, Hilfe anzunehmen, Zutrauen in eigene Leistungsfähigkeit...
- wichtiger Grundsatz: Lesen und Rechtschreiben lernt man durch Lesen und Rechtschreiben! → Üben, üben, üben; Vertrautheit mit Texten erhöhen
- je nachdem, in welchem Alter die LRS diagnostiziert wird, wird auch gefördert:

## 1. Leseanfangsphase / alphabetische Entwicklungsstufe:

Übungen zur Lautbewusstheit, Buchstabenkenntnis und zur Buchstaben-Laut-Zuordnung;

auch bereits präventiv, bevor die LRS an sich sichtbar wird!, bspw. durch das **Würzburger Trainingsprogramm „Hören, lauschen, lernen" von Küspert und Schneider 1998**. Es ist ein 20wöchiges Training, das aus täglich 10 Minuten spielerischen Übungen besteht. Es beinhaltet insgesamt 57 "Sprachspielen" zu sechs inhaltlich aufeinander aufbauenden Übungseinheiten (bspw. zu den Bereichen Reime, Anlaute, Wörter und Sätze...) Die Reihenfolge der Übungen ist vorgegeben und die Aufgaben sind nach ansteigender Schwierigkeit gestaffelt. Der optimale Anwendungszeitraum ist das letzte Kindergartenhalbjahr und die Einschulungsphase. Die Anwendung ist unproblematisch und kann nach einer kurzen Einarbeitungszeit auch von Erzieherinnen durchgeführt werden.

## 2. Spätere Lese- und Schreibphase / orthographische Entwicklungsstufe:

Training der Geläufigkeit von Wörtern und des Leseflusses, Training von Rechtschreibregeln

**Bsp: Marburger Rechtschreibtraining (2004)**; Ziel: Vermittlung von Regelwissen und Lösungsstrategien, ab der 2. bis 3. Klasse, 12 aufeinander aufbauende Kapitel mit jeweils einem Anleitungsteil, einem Lernbereich und einem Übungsbereich

Grundgerüst des Marburger Rechtschreibtrainings: Regeln; mit 8 im Training vermittelten Regeln ist es möglich, die überwiegende Mehrheit von Rechtschreibproblemen zu lösen. Hieraus werden – grafisch dargestellt – Lösungsstrategien abgeleitet, die meist auf einfachen Ja-Nein-Entscheidungen beruhen.

- frühzeitige!! Lese-Rechtschreib-Förderung, denn es gibt Hinwiese darauf, dass Interventionsmaßnehmen ihre größte Wirkung in den ersten beiden Grundschulklassen entfalten und danach Probleme rasch chronisch werden ((Mannhaupt 1994)

    → hierfür ausgewählte und bewährte Programme wären z. B. **Der Kieler Lese- und Rechtschreibaufbau (Dummer-Smoch & Hackethal 1994, 1996):** Anwendung im Grundschulbereich ab 1. Klasse; systematisches Programm, das mit lautierendem Lesen und Schreiben beginnt; der *Kieler Leseaufbau* geht in 16 Stufen die unterschiedlichen Schwierigkeiten im Lesenlernprozess entlang: von der Buchstabenebene über Silben und ganze Wörter

    Der *Kieler Rechtschreibaufbau* hat ebenfalls mehrere Lernstufen und den Grundsatz, vom leichten zum Schweren und vom Häufigen zum Seltenen entlangzugehen

- gerade in höheren Klassen bietet sich an, gezielt an der Lesetechnik zu arbeiten, bspw. durch Auswendiglernen von kleinen literarischen Texten, durch gezielte Versuche, das Lesetempo zu erhöhen, Lesen mit Tonband-Unterstützung, optische Strukturierung von Texten usw.
- auch: Hilfe zum besseren Textverständnis, z.B. durch texterschließendes Lesen („Lies die Stelle noch einmal, in der etwas über X. steht"), Kontexterschließung durch Lückentexte, aber auch durch Strategien wie die SQ3R-Methode (Survey - Question - Read - Recite – Review), die auch als 3R-Methode wirksam ist.
- LRS oft von (z.T. massiver) Sekundärproblematik begleitet, daher oft Ergänzung durch zusätzliche psychologische Interventionen nötig
- wichtig: gute und vertrauensvolle Zusammenarbeit von Eltern, Schule und evt. Therapeuten
- (Grundschul!-)Lehrerausbildung, verbessern, so dass diese Hinweise auf mögliche LRS frühzeitig erkennen und auch entsprechend über Fördermaßnahmen usw. informiert sind

- Nachteilsausgleich in Schule, um Versagensängste und Lernblockaden abzubauen, Bsp: Notenschutz, Zeitzuschlag... oder auch Abweichung von allgemeinen Grundsätzen der Leistungsbewertung (stärkere Gewichtung mündlicher Noten, Verzicht auf Bewertung der Rechtschreibleistung...)

    → unterschiedliche Erlasse in einzelnen Bundesländern

    → Bsp. Bayerischer Legasthenie-Erlass: wenn fachärztliche Feststellung einer LRS, dann *muss* schulischer Nachteilsausgleich gewährt werden (ist rechtlich einklagbar). Auf Leistungserhebung für Rechtschreiben und Lesen wird verzichtet, keine Benotung der Rechtschreibung (in keinem Fach), mündlich-schriftliche Note werden 1:1 in sprachlichen Fächern gewichtet, Zeitaufschlag von 10-50% als Hilfsmaßnahme, schriftliche Aufgaben sind vorzulesen, LRS darf kein Grund für Sitzenbleiben sein....

Trotz Nachteilsausgleich: der Aufbau einer angemessenen Lesekompetenz bleibt aufgrund ihrer Bedeutung für die weitere Schul-/Berufslaufbahn wesentlich!!

## 6. Fazit

Die pädagogisch-psychologischen Ansätze betrachten Kinder mit LRS als auf dem Weg des Schriftspracherwerbs langsamer als üblich Voranschreitende. Deshalb brauchen sie gerade in der Grundschule mehr Zeit zum Lernen und vor allem gut ausgebildete Lehrpersonen, die günstige Lernbedingungen realisieren und gezielte Hilfestellungen beim Prozess des Lesen- und Schreibenlernens geben können. LRS-Betroffene werden in den meisten Fällen ihr Leben lang beim Lesen und Schreiben mehr Mühe aufwenden müssen als andere. Mit der entsprechenden Förderung kann es aber gelingen, die

Symptome der LRS soweit einzuschränken, dass die LRS dem erfolgreichen Abschluss von Schule und Studium nicht im Wege steht. Auch sind Lesen und Schreiben immanent wichtge Eigenschaften in unserer Gesellschaft.

Daher muss genau bei der Förderung unbedingt angesetzt werden; hierzu ist eine frühe und sorgfältige Diagnostik besonders wichtig, die idealerweise schon ansetzt, bevor die Probleme des Schriftspracherwerbs auftreten (also vor dem Schulanfang). Hierbei hat sich das Konzept der phonologischen Bewusstheit als immanent wichtig und vorhersagekräftig erwiesen. Eine solche frühe Testung ist beispielsweise durch das BISC auch als Screening zu leisten.

Weitere Anmerkungen:

- Heidelberger Längsschnittstudie (1998) zeigt; Schüler mit LRS erreichen niedrigere schulische Qualifikation als Schüler ohne Lernstörung, aber mit dem gleichen Begabungsniveau
- Problem der Schulwahl: Förderschule führt zu Unterforderung, Regelschule aber zu vielen Misserfolgen, Demotivation und möglicherweise Überforderung
- heute: Legastheniekonstrukt zugunsten von entwicklungsorientierten Ansätzen aufgegeben, die LRS als Entwicklungsverzögerung bei ansonsten prinzipiell vergleichbaren Entwicklungsphasen sehen
- LRS hat sich als recht stabil und folgenreich für Schul- und Berufsausbildung erwiesen (Klicpera 1993)

# BEI GRIN MACHT SICH IHR WISSEN BEZAHLT

- Wir veröffentlichen Ihre Hausarbeit, Bachelor- und Masterarbeit

- Ihr eigenes eBook und Buch - weltweit in allen wichtigen Shops

- Verdienen Sie an jedem Verkauf

Jetzt bei www.GRIN.com hochladen und kostenlos publizieren